AF496326

L7K
1435

UNE EXCURSION A BRIVE.

UNE

EXCURSION A BRIVE

A L'OCCASION DE LA FÊTE

D'INAUGURATION DU CHEMIN DE FER

(30 septembre 1860),

Par M. Eugène MASSOUBRE,

Rédacteur en chef de l'*Écho de Vésone*.

PÉRIGUEUX,

IMPRIMERIE DUPONT ET Ce, RUE TAILLEFER.

1860

UNE

EXCURSION A BRIVE

à l'occasion de la fête

D'INAUGURATION DU CHEMIN DE FER

(30 SEPTEMBRE 1860).

La ville de Brive a voulu célébrer, par une fête publique, l'inauguration du chemin de fer qui la met en communication avec le grand réseau français. Cette fête a eu lieu le dimanche 30 septembre 1860. * Elle a été, disons-le tout d'abord, digne du grand événement qu'elle consacrait, digne aussi de l'immense multitude d'étrangers accourus de toutes les localités environnantes pour s'associer aux joies si légitimes de la population briviste.

La compagnie d'Orléans avait cru devoir se faire représenter officiellement à cette solennité, et elle avait délégué à cet effet M. le baron de Richemond, sénateur, et M. de Bousquet, membres du conseil d'administration : ce dernier a été retenu chez lui par l'indisposition d'un des membres de sa famille.

* La réception par l'Etat du chemin de fer de Périgueux à Brive a eu lieu le 31 août 1860. L'ouverture de la ligne a été effectuée le 17 septembre suivant, et la fête d'inauguration célébrée cedit jour 30 septembre.

Dès huit heures du matin, un train spécial partait de Périgueux et conduisait à Brive M. le baron de Richemond, délégué de la compagnie; M. Quévillon, inspecteur principal de l'exploitation; M. Gallart, médecin en chef de la compagnie; M. Le Brun, inspecteur de la section de Coutras; M. Paulon, sous-ingénieur de la construction, suppléant MM. Krantz, ingénieur en chef, et Duval, ingénieur, absents en congé. Ces messieurs avaient pris place dans un vagon-salon expédié tout exprès de Paris. Ce vagon, dont chacun se plaisait à admirer l'élégance et la richesse, est celui qui était affecté aux premières excursions du Prince Impérial de Paris à Biarritz; on y remarque, sur le parquet, l'empreinte du pied de son berceau, et le plafond retient encore les anneaux d'or auxquels étaient suspendus les rideaux de la royale couchette.

Bien que, ce jour-là, le nombre des trains en circulation de Périgueux à Brive eût été augmenté, ils n'ont pu suffire à transporter la masse de voyageurs qui s'étaient précipités comme une avalanche sur les stations intermédiaires. A chaque arrivée de train, les places étaient littéralement prises d'assaut, et rien ne saurait dépeindre le désappointement de ceux qui, après avoir vainement disputé un modeste coin dans cette longue file de voitures impatiemment attendues, étaient obligés de reporter leurs espérances sur un autre convoi. Et cependant tout le matériel roulant stationné sur la ligne avait été mis à réquisition, fourgons de bagages, bagnoles de bestiaux, etc. Malgré ce renfort, bien des espérances ont été déçues. A Mansac, le dernier train a laissé plus de cinq cents personnes; à Larche, un nombre égal de voyageurs ont dû regagner leur demeure et renoncer forcément aux plaisirs qu'ils s'étaient promis.

Jamais une pareille affluence ne s'était rencontrée dans la petite ville de Brive, toute surprise et toute rayonnante aussi. De dix lieues à la ronde, les populations rurales de la Corrèze avaient déserté leurs champs pour venir voir « des diligences marchant toutes seules; » et ces populations, augmentées de celles que les trains de Périgueux amenaient d'heure en heure, étaient comme deux immenses courants qui, en se rapprochant et se heurtant sur un même point de rendez-vous, Brive, offraient l'aspect d'une mer agitée.

Qui ne connaît, au moins de réputation, cette charmante ville de Brive, plantée comme une fraîche oasis dans le désert de la Corrèze, et qui a reçu de l'acclamation populaire le surnom mérité de Brive-la-Gaillarde! Autrefois, on disait *Gallia ardens*, mots qui, dans la langue française, étaient employés pour exprimer la fierté, la vigueur, l'agitation passionnée, toutes choses que la ville de Brive a dû déployer pendant huit siècles pour résister aux prétentions des vicomtes de Turenne, des comtes de Périgord, des barons de Malemort, qui disaient avoir des droits de seigneuriage sur elle ou sur diverses parties de son territoire. Cette explication est du savant M. de Merlhiac. De *Gallia ardens*, le peuple a fait Gaillarde, et reconnaissons que le changement est justifié par la situation enchanteresse de cette jolie ville, assise au milieu de délicieux jardins. Au surplus, si, pour ne pas contrarier les étymologistes, il ne nous est plus permis de l'appeler Brive-la-Gaillarde, nous proposerons de la désigner ainsi : Brive-la-Fleurie!

Il est onze heures du matin. La bénédiction des locomotives n'a lieu qu'à deux heures. Profitons de cet intervalle pour faire une visite dans l'intérieur de la ville, à travers la foule compacte qui encombre ses rues.

Brive, chef-lieu de sous-préfecture, compte près de 7,000 âmes de population agglomérée. Elle communique avec la gare par deux belles avenues de seize mètres de largeur, récemment ouvertes dans les terrains de Mme de Gastebois, née Gilibert de Merlhiac, qui en a fait généreusement l'abandon gratuit à la ville.

L'origine de Brive remonte à une haute antiquité. Ancienne bourgade gauloise, elle doit son nom primitif (*Briva-Curretia*, ou Pont-Corrèze) à un pont construit sur la Corrèze et sur le marais de la Guierle, long-temps avant l'invasion romaine, et dont les vestiges ont subsisté jusqu'au XVIIe siècle. Au moyen-âge, la ville était entourée de murailles et de fortifications qui, aujourd'hui démolies, font place à une ceinture de boulevards spacieux et plantés d'ormeaux qui en sont le principal ornement.

Cette ligne de boulevards nous conduit sur la place de la Guierle, où se dresse la statue en bronze du maréchal Brune. Nous nous découvrons respectueusement devant l'image de cette victime des dissensions politiques. Le héros est représenté debout, tenant d'une main le bâton de maréchal de l'Empire, appuyant l'autre sur la poignée de son épée. La figure est mâle et fière, et elle reproduit heureusement les traits de cet homme qui joignait à toutes les vertus civiques le courage bouillant du guerrier.

Sur le piédestal, on lit l'inscription suivante :

A
BRUNE
NÉ A BRIVE LE 13 MARS 1763
MORT A AVIGNON LE 2 AOUT 1815
SES FRÈRES D'ARMES
SES CONCITOYENS.

Mort à Avignon le 2 août 1815. C'est tout ce qui rappelle le drame sanglant qui, ce jour-là, s'est accompli dans un coin de la France, laissant sur la ville d'Avignon une tache ineffaçable. Assailli par une populace en délire, le maréchal est massacré sans pitié, son corps est traîné dans la boue, précipité dans le Rhône, qui le rejette sur la rive, où il reste privé de sépulture. Ce crime odieux est demeuré impuni. Chacun connaît le mot du maréchal, s'adressant avec sang-froid à un de ses assassins qui, entré le premier, venait de tirer sur lui un coup de fusil : *Maladroit ! vous manquez un homme à bout portant !* Le statuaire, M. Lanno, semble s'être inspiré de cette phrase en reproduisant la figure de son héros. C'est aussi M. Lanno qui a fait les statues de Michel-Montaigne et de Fénelon, érigées sur deux des principales places de Périgueux.

A l'époque où Brune commandait en chef l'armée d'Italie, la ville de Florence lui offrit, en témoignage de gratitude, son buste en marbre blanc, par Canova. Ce précieux chef-d'œuvre, dans lequel le maître a mis toute son âme, est en la possession de la ville de Brive ; il occupe une place d'honneur dans la salle du conseil municipal.

Dans cette même salle, on voit le portrait d'un autre enfant de Brive, également célèbre, mais à des titres différents. Le cardinal Dubois, fils d'un apothicaire de Brive, naquit dans cette ville en 1656, et il y fit ses études. L'histoire impartiale raconte que ce personnage, devenu précepteur du duc de Chartres, depuis duc d'Orléans et régent du royaume, « mit autant de zèle à dépraver ses mœurs qu'à développer son intelligence. » Dubois parvint aux plus hautes dignités qu'un mortel puisse ambitionner dans un royaume, après celle de souverain. Il fut conseiller d'état en 1715, ministre des affaires étrangères en 1717, archevêque de Cambrai en 1718, cardinal en 1719, premier ministre en 1722. Néanmoins, lorsqu'il mourut, en 1723, personne n'osa prononcer son oraison funèbre. Son tombeau, sculpté par le célèbre Coustou, est dans l'église Saint-Roch, à Paris. Le portrait du cardinal qu'on voit à Brive ne répond pas précisément à ce qu'en dit Saint-Simon, qui le dépeint comme « un petit homme maigre, effilé, » chafoin, à perruque blonde et à mine de » fouine. »

La Guierle est la principale promenade de Brive ; elle peut avoir de dix à douze hectares de superficie. C'était autrefois un vaste marais, un ramas d'îlots, que l'on franchissait sur le pont gaulois dont nous avons déjà parlé. Ce pont était en bois et avait dix-huit arches ; à force de réparations et d'entretien, il subsista jusque vers l'an 1455. A cette époque, il fallut le reconstruire presque entièrement ; une brave femme, veuve et cordonnière de son état, fit à MM. les consuls de Brive, pour aider à ce travail, un don de 10,000 francs, qui représenteraient aujourd'hui une somme de 50,000 fr. On verra tout-à-l'heure que cette libéralité a trouvé depuis des imitateurs. Le nom de la veuve n'est pas parvenu jusqu'à nous. Le seul témoignage de reconnaissance que lui ait donné la ville consiste dans cette note sur un vieux registre de l'époque : *Vidua ac sutoria quædam.*

La transformation du marais de la Guierle en une vaste promenade, plantée d'arbres, telle qu'on la voit de nos jours, date du cardinal Dubois. Son frère, l'abbé Dubois, directeur général des ponts-et-chaussées sous Louis XV, fit exécuter, à travers l'îlot, ces grands travaux de terrassements qui se terminent par le pont Cardinal, et fit construire de plus la chaussée qui, sur la rive gauche de la Corrèze, préserve la Guierle des invasions de cette rivière.

Aujourd'hui, la place de la Guierle est parée comme aux plus beaux jours de fêtes. On n'aperçoit partout que mâts vénitiens, banderoles aux couleurs nationales, jets d'eau improvisés, préparatifs d'illuminations. La foule s'y presse autour des jeux publics et des spectacles en plein vent. En quelques endroits de la place, le sol est détrempé. C'est ce qui arrive à la moindre pluie, nous dit un des habitants. Peut-être aussi la digue n'est-elle pas assez prolongée et n'oppose-t-elle pas un obstacle suffisant aux débordements de la rivière.

On voit, par ce qui précède, que le cardinal Dubois et son frère ont été les bienfaiteurs de leur ville natale. C'est encore l'abbé Dubois qui fit abattre les remparts et les tours de la ville, combler les fossés, et de leur emplacement forma ces boulevards que nous admirons aujourd'hui. M. de Tourny, dont l'action bienfaisante s'exerçait dans toute l'étendue de sa circonscription administrative, a laissé à Brive, comme à Périgueux, comme à Bordeaux, comme à Limoges, comme à Agen, des traces de son passage. Il compléta l'œuvre de Dubois, termina le pont Cardinal, redressa les boulevards et les couvrit de plantations.

Le cardinal et son frère ont voulu être utiles à la petite cité, même après leur mort. Ils lui ont légué, pour être spécialement affectée aux besoins de l'hospice, une rente inaliénable de 12,000 fr.; cette rente est servie par la ville de Paris. Ils ont fondé douze bourses gratuites pour l'éducation de douze demoiselles de Brive, qui doivent être prises, savoir : quatre dans la noblesse, quatre dans la bourgeoisie, quatre dans la descendance de la famille du cardinal. Cette fondation subsiste toujours. Les douze jeunes personnes sont élevées à Brive dans la maison Sainte-Marie, dirigée par les religieuses de Nevers. Pour être admises, les postulantes sont tenues d'établir leurs titres de noblesse, de bourgeoisie, ou leur filiation. Enfin, le cardinal a doté le collége, le bureau de bienfaisance et plusieurs autres établissements.

Quel fut le motif de toutes ces libéralités? L'amour de la ville natale, dira-t-on? Mais, selon plusieurs témoignages, le cardinal ne cessait d'exprimer, soit à Paris, soit à Versailles, l'aversion qu'il éprouvait pour la ville de Brive. On raconte qu'un certain jour, un de ses concitoyens, étant allé solliciter pour lui ou pour un ami la protection du cardinal, en reçut cette réponse : *Ne me parlez pas de Brive ! je l'ai en horreur ! Si j'avais une fenêtre tournée du côté de cette ville, je la fermerais !* Explique qui pourra le changement qui s'est produit depuis dans l'esprit du cardinal.

En quittant la Guierle et en remontant vers l'église par la rue Toulzac, on aperçoit une autre statue en bronze, représentant un personnage modestement affublé d'une longue redingote *à la propriétaire* : c'est Majour.

Quel fut cet homme? Par quel genre d'illustration a-t-il mérité les honneurs du piédestal? Son nom a-t-il figuré avec éclat dans nos fastes militaires? a-t-il marqué dans la science, brillé dans la magistrature, retenti dans la politique? Rien de tout cela. Majour était un obscur médecin, n'ayant aucune prétention ni aucun titre à la célébrité. Il vivait retiré à Paris, où il est décédé vers 1834, âgé de près de quatre-vingts ans. A son lit de mort, il a eu la bonne pensée de se souvenir qu'il était natif de Brive, et il a légué à cette ville toute sa fortune, évaluée à 40,000 fr. de rente selon les uns, à 60,000 fr. selon les autres.

Ce vieillard n'avait jamais témoigné de bien grandes sympathies pour sa ville natale, qu'il avait quittée depuis long-temps et qu'il paraissait avoir complètement oubliée. Aussi la surprise fut-elle grande à Brive lorsqu'on y apprit la libéralité du vieux médecin. Il est des personnes qui croient que la fortune léguée par Majour à la ville n'était entre ses mains qu'un fidéi-commis. Majour, il est temps de le dire, avait épousé une sœur du maréchal Brune, dont il n'avait pas eu d'enfants. Lié intimement avec le maréchal, il était resté son ami pendant la disgrâce qui frappa celui-ci dans les dernières années de l'empire. Brune, également sans enfants, laissa toute sa fortune à la maréchale, qui à sa mort en disposa en faveur de Majour. Dans l'hypothèse énoncée plus haut, le véritable bienfaiteur de Brive serait le maréchal, et

Majour n'aurait fait que suivre loyalement les instructions de Brune et celles de sa veuve, en remettant à la ville une fortune qu'il possédait à titre de dépôt, fortune à laquelle il ajouta la sienne propre.

Quoi qu'il en soit de ces renseignements, que nous avons recueillis sur les lieux comme touriste, la ville de Brive s'est montrée reconnaissante envers Majour, et elle a cru qu'elle devait l'honorer en lui érigeant une statue sur une de ses places publiques. Majour est représenté debout, dans le costume que nous avons indiqué, tenant à la main un rouleau sur lequel est écrit : J'INSTITUE BRIVE, MA VILLE NATALE, MA LÉGATAIRE.

La succession Majour n'est pas la seule libéralité qui soit venue accroître dans de grandes proportions les ressources de la ville de Brive. Peu de cités, en France, sont aussi favorisées sous ce rapport. Sans remonter à cette veuve qui donna toute sa fortune pour reconstruire le pont gaulois, sans revenir sur les largesses du cardinal Dubois et de son frère l'abbé, nous pourrions citer le baron de l'Estang, premier président au parlement de Toulouse, qui, au XVIe siècle, a donné à la ville le magnifique bâtiment servant de collége, avec des fondations pour son entretien. M. Dumyrat, conseiller de préfecture de la Corrèze, et Mme Dumyrat, lui ont légué, il y a une vingtaine d'années, toute leur fortune, estimée plus de 100,000 fr., à la charge par elle d'établir un orphelinat pour douze enfants des deux sexes. Mme la maréchale Brune a laissé à l'hospice, sur sa fortune personnelle, un capital de 20,000 fr.; ce même hospice a des revenus considérables, parmi lesquels les 12,000 fr. de rente du cardinal. Le bureau de bienfaisance est doté de 6 ou 8,000 fr. de rente provenant de donations particulières, et par conséquent il n'est pas à la charge de la ville. Enfin, il y a huit jours, un autre bienfaiteur s'est révélé. M. Frédéric Vialard, ancien clerc de notaire, fils d'un huissier de Brive, vient de mourir, laissant à la ville une fortune évaluée à 50,000 fr.

L'église de Brive est remarquable. Elle est bâtie sur l'emplacement d'un ancien temple de Saturne. Brûlée plusieurs fois, elle a été reconstruite au VIe siècle. Comme en beaucoup d'endroits, elle est flanquée de constructions qui nuisent à son aspect; il serait bien à désirer qu'un aussi beau monument fût isolé.

Brive possède des fontaines publiques alimentées par un canal de dérivation de la rivière, et réparties au moyen d'un château d'eau très élégant qui s'élève en forme de phare à l'une des extrémités de la Guierle. Il y a dans Brive un petit séminaire, une salle d'asile. On nous montre l'école des frères de la doctrine chrétienne; elle occupe la maison paternelle du général Cavaignac, chef du pouvoir exécutif sous la République de 1848.

Le canon se fait entendre! C'est le signal de la cérémonie religieuse. Tout le mouvement va se concentrer sur la gare, dont les abords sont depuis long-temps assiégés par une foule toujours grossissante.

L'intérieur de la gare est décoré avec goût et approprié pour la circonstance. Une estrade s'élève à côté de la voie, faisant face à la ville. C'est du haut de cette estrade que Mgr Berteaud, évêque de Tulle, doit appeler les bénédictions du ciel sur les locomotives. Des places sont disposées à droite et à gauche du prélat pour le clergé, pour les autorités et pour les personnages officiels.

En face de l'estrade, séparés d'elle par la voie, sont des siéges destinés aux personnes munies de billets. La société de Brive est représentée là par une multiple galerie de dames élégantes, aux toilettes éblouissantes de richesse et de distinction. Elles attendent avec impatience le commencement de la cérémonie. Par l'animation discrète et retenue qui règne dans cette charmante réunion, par les conversations mystérieuses qui s'y engagent, par les chuchotements qui se font entendre derrière l'éventail, il est facile de comprendre qu'une préoccupation secrète agite ces têtes féminines. Cette préoccupation, la voici : On dit tout bas que Mgr Berteaud, évêque de Tulle, prélat aussi distingué par le mérite que par le savoir, est néanmoins l'adversaire déclaré des chemins de fer, et qu'il les considère plutôt comme une création diabolique que comme une inspiration de la pensée divine ; — on ajoute que, sollicité de venir bénir les locomotives, il aurait répondu avec sa franchise ordinaire : « J'irai, messieurs, puisque le devoir m'y appelle; mais je bénirai de la main, non du cœur »; — on dit enfin (que ne dit-on pas dans un cercle féminin lorsqu'on y parcourt le domaine de l'imagination!) on dit que le prélat aurait manifesté l'intention d'exprimer nettement et publiquement, en cette circonstance, sa pensée tout entière sur l'invention de la civilisation moderne. En fallait-il davantage pour que l'arrivée de Mgr Berteaud fût attendue avec anxiété dans cette partie du public?

Voici le cortége! Le clergé de Brive et celui de Tulle, en habit de chœur, précèdent le prélat, qui est reçu au pied de l'estrade par MM. les commissaires de la fête, parmi lesquels nous remarquons M. Eugène Le Clère, président, et M. Paul Massenat, secrétaire.

Mgr Berteaud est âgé de 62 ans. Il est d'une taille moyenne; mais il paraît courbé avant l'âge sous le poids du fardeau épiscopal. Son regard est vif et scrutateur; son sourire, plein de finesse, offre un mélange de bienveillance et d'ironie. Une chevelure grisonnante ombrage son front, qui porte le cachet de l'intelligence. D'après le témoignage des personnes qui nous avoisinent, ce prélat jouit dans son diocèse, qu'il administre depuis dix-huit ans, d'une grande réputation de bonté. On sait qu'il est, par l'éloquence et par l'érudition, un des princes de la chaire chrétienne. Sa parole s'est fait entendre plusieurs fois dans la cathédrale de Périgueux.

Le bruit des tambours et les accents d'une musique militaire nous annoncent l'arrivée des autorités civiles. M. Baragnon, préfet de la Corrèze, est en tête. Il est reçu à son tour par MM. les commissaires de la fête. Le cortége prend place sur l'estrade. Nous remarquons M. Eyrolles, maire de Brive; MM. le baron de Jouvenel et Lafond, députés de la Corrèze au corps législatif; M. Feri-Pisani, sous-préfet de Brive; M. Tempoure, sous-préfet d'Ussel; M. de Verninhac, président du tribunal de Tulle, ancien député; M. de Vallon, ancien député; M. Petot, inspecteur-général des ponts-et-chaussées; M. Guillebot de Nerville, ingénieur en chef des mines, en résidence à Périgueux; M. Gérardin, ingénieur de la compagnie d'Orléans, qui a fait tous les projets de la ligne et dirigé l'exécution des deux tiers des travaux; M. Doutres, ingénieur ordinaire du contrôle, en résidence à Brive; M. le colonel Olivier, du 48e de ligne, commandant provisoirement la subdivision militaire de la Dordogne; M. le lieutenant-colonel Renault et M. le commandant Viret, du même régiment; M. Boris, ingénieur en chef des ponts et chaussées de la Corrèze; M. Dussol, receveur général du même département; M. Lavialle de Masmorel, receveur particulier à Brive; M. Rivet, procureur impérial à Brive; M. Gilibert de Merlhiac, membre de la société impériale des antiquaires de France; MM. Chauviniat et Lachaud, adjoints au maire de Brive; M. de Baillemont, commandant du génie; M. Barry, président du tribunal de commerce de Tulle, etc., etc.

A un signal donné, deux locomotives s'avancent majestueusement et viennent s'arrêter en face du trône de Mgr Berteaud.

En même temps que les locomotives, se présente M. le sénateur baron de Richemond, administrateur de la compagnie d'Orléans, qui vient, avec tout le personnel de la compagnie, saluer le représentant de l'Eglise, et mettre sous la protection de la religion les puissantes machines. Aux côtés de M. le sénateur, nous remarquons M. Quévillon, inspecteur principal ; M. Gallart, médecin en chef ; M. Le Brun, inspecteur de l'exploitation ; M. Paulon, sous-ingénieur de la construction ; M. Poncin, ingénieur à Brive ; M. Royer, sous-ingénieur ; M. Bincteux, chef de bureau ; M. Polonceau, sous-chef de la traction à Bordeaux ; M. Lapeyrie, agent commercial à Périgueux ; M. de Brouville, inspecteur ; M. Marchand, inspecteur ; M. Villedieu, commissaire de surveillance à Périgueux ; M. Cessac, commissaire de surveillance à Brive ; M. Thinès, chef de gare à Brive ; MM. Bardy-Delille et Parrot, médecins de la compagnie ; M. Nave, chef de dépôt à Brive ; MM. les chefs de section, les chefs de la voie et autres employés de la construction et de l'exploitation.

La moment est solennel. Après le *Laudate*, chanté avec beaucoup d'ensemble par la société chorale de Brive, et un morceau d'harmonie exécuté par l'excellente musique du 48e de ligne, sous la direction de M. Henricet, Mgr l'évêque se lève, et, revêtu de ses habits pontificaux, prononce d'une voix émue les prières qui invoquent la bénédiction de

Dieu sur l'œuvre magistrale dont l'achèvement a comblé de joie toutes les contrées de la Corrèze.

Les prières terminées, le prélat dépose ses ornements pontificaux, et fait signe à l'assistance qu'il va prendre la parole. Chacun s'assied. Nous éprouvons le regret de n'avoir pas sténographié l'allocution de Mgr Berteaud. Qu'il nous suffise de dire que les informations des dames de Brive n'étaient pas en défaut. Pendant une demi-heure, l'éloquent orateur a soutenu, avec l'esprit et la richesse d'imagination qu'on lui connaît, le paradoxe annoncé d'avance. Jamais l'invention moderne des chemins de fer n'a été plus maltraitée, ne l'a été en termes plus ardents. Si les locomotives avaient eu la parole, elles auraient protesté.

Ceci nous remet en mémoire une anecdote récente qui doit trouver ici sa place.

Un évêque (nous ne savons lequel), appelé à bénir des locomotives, s'y prêtait avec toute la grâce et la bienveillance possibles. Il arrive en face de l'une d'elles, qui avait été baptisée : *Lucifer*. Il s'arrête et demande en souriant aux ingénieurs qui l'entouraient si sa charité chrétienne pouvait lui permettre de bénir *Satan*, l'ennemi de Dieu et du genre humain.— L'un d'eux lui fait observer que Lucifer signifie aussi porte-lumières. — Eh bien, reprit le prélat, bénissons tout le monde. Et il continua la cérémonie.

Une nouvelle salve d'artillerie annonce l'issue de la fête religieuse. Mgr Berteaud est reconduit processionnellement à l'église, et

M. le préfet de la Corrèze, escorté par un détachement du 1er de ligne, fourni par la garnison de Tulle, se rend sur la place de la Guierle pour présider à la distribution des primes du comice agricole. Le compte-rendu de cette partie du programme n'entre pas dans notre cadre.

A six heures du soir, un banquet de soixante couverts réunit à l'hôtel-de-ville les invités de la municipalité. Ce banquet est présidé par M. Eyrolles, maire de Brive, ayant à sa droite M. Baragnon, préfet de la Corrèze; M. Lafond, député au corps législatif; M. de Verninhac, ancien député, président du tribunal civil de Tulle; M. Rivet, procureur impérial; — à sa gauche, M. le baron de Jouvenel, député au corps législatif; M. Petot, inspecteur général des ponts et chaussées; M. Boris, ingénieur en chef des ponts et chaussées de la Corrèze; M. Gérardin, ingénieur de la compagnie d'Orléans.

Parmi les invités, nous remarquons encore M. de Vallon, ancien député; M. Feri-Pisani, sous-préfet de Brive; M. Tempoure, sous-préfet d'Ussel; M. Dussol, receveur général de la Corrèze; M. Lavialle de Masmorel, receveur particulier à Brive; MM. Chauviniat et Lachaud, adjoints au maire de Brive; M. Eugène Le Clère, président de la commission des fêtes; M. Olivier, colonel du 48e de ligne, en garnison à Périgueux; M. Renault, lieutenant-colonel, et M. Viret, chef de bataillon au même régiment; M. Elie Massenat, manufacturier; M. Doutres, ingénieur; MM. Mialet et de Lapraderie, membres du conseil général de la Corrèze; M. Lachaume, ancien principal du collége de Brive; M. le capitaine commandant le détachement du 1er de ligne envoyé de Tulle, etc.

La presse de la Corrèze et de la Dordogne y est représentée par M. Crauffon, directeur du *Corrézien*, et par M. Eugène Massoubre, rédacteur en chef de l'*Echo de Vésone*.

Quelques autres invités avaient exprimé le regret de ne pouvoir se rendre à la fête : nous citerons M. Ladreit de Lacharrière, préfet de la Dordogne, empêché par une maladie; M. de Bousquet, administrateur de la compagnie d'Orléans, retenu par l'indisposition d'un de ses parents; MM. Krantz et Duval, ingénieurs de la compagnie, absents par congé; M. Tamisier, sous-ingénieur, en tournée; Mgr l'évêque de Tulle; enfin M. l'amiral Grivel, à raison de son grand âge.

Le dîner est servi dans la salle des fêtes de l'hôtel-de-ville. En voici le menu, établi par M. Cotton, restaurateur :

Relevés. — Turbot sauce hollandaise.

Entrées. — Filet de bœuf sauce impériale, vol-au-vent à la financière, tête de veau à la Russe, filet de lièvre bigarré aux truffes.

Sorbets au rhum.

Poissons. — Saumon sauce magnonaise, homard et langouste.

Rôts. — Dindonneaux truffés, gibier piqué à la reine.

Entremets. — Pièces montées.

Dessert. — Assiettes assorties, fruits.

Vins. — Madère, bourgogne, bordeaux, champagne. Café, liqueurs.

Pendant le banquet, la musique du 48e de ligne, installée dans la salle voisine, fait entendre ses meilleures symphonies.

Au dessert, M. Eyrolles, maire de Brive, président du banquet, porte en ces termes un toast à l'Empereur :

« Messieurs,

» Je porte un toast à l'Empereur.

» La France lui doit sa grandeur reconquise, le repos dans sa force et le progrès merveilleux de ses prospérités.

» Grâce à la sagesse suprême qui préside à nos destinées, l'Europe, émue des plus graves préoccupations, reste calme, et tourne ses regards vers le génie tutélaire qui veille, non-seulement pour faire prévaloir le droit sur l'injustice parmi nous, mais dont la prévoyante sollicitude s'étend par-delà nos frontières, pour le triomphe des causes légitimes.

» Il y aurait, messieurs, de vastes développements à vous présenter sur de si grands sujets, si l'objet de notre réunion pouvait les comporter.

» Je me restreindrai donc à l'accomplissement d'un premier devoir, celui d'élever le sentiment de notre profonde reconnaissance jusqu'à la source auguste du bienfait dont nous célébrons aujourd'hui la possession. Puisse ce bienfait pour la Corrèze nous en faire espérer un autre selon nos vœux ! Puisse notre humble cité avoir un jour l'heureuse fortune de contempler de près le glorieux élu de la grande nation et d'offrir un dévouement sans réserve au prince dont l'histoire puisera ses premières pages dans l'admiration des contemporains, en attendant que l'avenir se charge de les compléter !

» *Vive l'Empereur !* »

M. le préfet de la Corrèze prend ensuite la parole et prononce le discours suivant :

« *A la ville de Brive! à ses progrès rapides! à sa prospérité!*

» Messieurs,

» En vous proposant ce toast, je suis sûr de répondre à un sentiment unanime.

» Je réponds au vœu des hôtes nombreux qui ont reçu aujourd'hui, dans ces murs, un si bienveillant accueil; au vœu de tous les enfants de la Corrèze, dont le patriotisme éclairé comprend que les intérêts de la ville de Brive sont étroitement liés à ceux du département tout entier, et que les avantages dont cette cité est déjà dotée, sont le gage de nouveaux bienfaits et d'améliorations plus générales.

» Saluons donc, messieurs, l'ère nouvelle qui s'ouvre pour cette charmante petite ville de Brive, si heureusement située, d'un aspect si riant, où les mœurs sont si douces et si hospitalières.

» Associons-nous aux légitimes espérances qu'elle fonde sur les grands travaux que des ingénieurs habiles viennent de conduire à bonne fin et sur les travaux non moins importants qui sont en cours d'exécution.

» Félicitons-la d'être déjà en communication rapide avec deux grands centres industriels, deux grands foyers de civilisation.

» Nous espérons, messieurs, que le progrès ne s'arrêtera pas au pied des murs de Brive; espérons qu'il montera de proche en proche comme le flot d'une inondation bienfaisante, jusqu'aux plus hautes cimes de nos montagnes, et qu'il finira par fertiliser les landes stériles qui couvrent encore une grande partie de ce département.

» Oui, messieurs, nos espérances peuvent s'élever jusque-là. Que l'Empereur daigne un jour exaucer le vœu que M. le maire vient d'exprimer; qu'il apparaisse au milieu des populations fidèles de la Corrèze, et la face entière du pays peut changer en quelques années. N'a-t-il pas apporté la vie et la fécondité au milieu des sables de la Sologne? Sa volonté ne fait-elle pas tous les jours des miracles?

» Et pourquoi ne viendrait-il pas dans la Corrèze, quand nous ne sommes plus qu'à quelques heures de la capitale, quand il visite, en répandant partout ses bienfaits, les parties les plus reculées de son vaste Empire; quand ce pauvre département, si long-temps délaissé, a tant de droits à la même faveur?

» Je ne puis, il est vrai, monsieur le maire, vous faire aucune promesse au nom de Sa Majesté; je n'y suis point autorisé. Mais il m'est permis de partager vos espérances, de joindre mes vœux aux vôtres et d'en faire parvenir l'expression jusqu'au pied du trône.

» C'est un devoir qu'il me sera doux de remplir et auquel je ne manquerai pas. »

M. Chauviniat, premier adjoint, se lève à son tour et prononce les paroles suivantes :

« Messieurs,

» Au nom de la ville de Brive, je propose un toast à M. le préfet de la Corrèze!

» Qu'il veuille bien recevoir ici l'expression de notre plus vive reconnaissance, d'abord pour l'honneur qu'il nous a fait en venant présider la fête de Brive, ensuite et surtout pour tout le bien que promet au département de la Corrèze et à la ville de Brive son administration bienveillante et éclairée.

» Permettez-moi, messieurs, d'associer au même témoignage de gratitude et de respectueuse sympathie le vénéré prélat dont la voix éloquente et sacrée vient, il y a quelques heures, de couvrir de bénédiction et de fleurs notre cité joyeuse.

» Ne dirai-je pas aussi que la ville de Brive est heureuse et fière de voir assister à sa fête et prendre part à ce banquet tous ces hommes d'élite qui ont bien voulu répondre à son appel, ces hauts fonctionnaires, ces braves officiers de nos armées, ces magistrats distingués à tant de titres et avec eux les deux honorables députés de la Corrèze, représentants si dévoués, si bienveillants du vote populaire.

» Un mot de plus, messieurs :

» Si le chemin de fer vient ouvrir à notre contrée une ère nouvelle de prospérité, rappelons-nous à qui nous en devons le bienfait : nous savons tous ici les efforts persévérants, le dévouement patriotique au moyen desquels M. le baron de Jouvenel a contribué puissamment à ce résultat si désiré : c'est là encore une dette de reconnaissance pour la ville de Brive ; je me fais un devoir et un honneur de le proclamer !

» Aussi, messieurs, mon double toast doit-il trouver de l'écho parmi nous :

» A M. le préfet !

» A MM. les députés de la Corrèze ! »

Ces trois discours, répondant aux sentiments de l'assistance, sont accueillis par des témoignages non équivoques de sympathie.

M. le baron de Jouvenel, dans une improvisation chaleureuse, répond au toast de M. le premier adjoint. Son discours a un autre but, celui de défendre les chemins de fer contre les préventions dont ils peuvent être encore l'objet. Le voici :

« Messieurs,

» Si j'ai entrevu, le premier, les besoins et les destinées de cette contrée, j'en avais contracté le devoir ; ne vous avais-je pas demandé et ne m'avez-vous pas donné un poste d'avant-garde ?

» Dans le temps où nous vivons, représenter son pays, c'est surtout avoir la mission d'en défendre les droits et les intérêts.

» Oui, je me suis occupé avec dévouement, avec persévérance, avec passion, de la voie ferrée désormais ouverte à notre activité ; j'aurais voulu qu'elle traversât le département de part en part. Un embranchement donnera promptement satisfaction à des prétentions légitimes ; l'avenir nous réserve mieux encore, j'en ai la ferme conviction.

» Notre sol est fertile, ses habitants sont laborieux,

économes, intelligents. Leur prospérité me semble désormais assurée.

» Qu'on ne craigne pas de voir le niveau moral s'abaisser là où le niveau du bien-être s'élève... Depuis quand la vérité doit-elle avoir peur de la lumière et du progrès? (Applaudissements.) Si la navigation à vapeur a transporté quelquefois, au sein de populations lointaines, l'esprit de philosophie et d'incrédulité, n'y transporte-t-elle pas tous les jours nos courageux et saints missionnaires? (Nouveaux applaudissements.)

» Les chemins de fer ne pourraient-ils pas, à bon droit, être considérés comme les puissants instruments de cette noble et sainte pensée : « *Apportez à ceux* » *qui ont besoin.* »

» N'avons-nous pas vu, pendant les dernières crises alimentaires, toutes les contrées traversées par des voies ferrées recevoir à bas prix les blés portés des fertiles vallées de l'Amérique du Nord ou du littoral de la mer Noire? tandis que les régions restées les plus pauvres, parce qu'elles étaient déshéritées de voies de transport rapides et économiques, payaient jusqu'à 50 fr. l'hectolitre des blés arrivés au-dessous de 20 fr. aux ports de la Manche ou de la Méditerranée.

» Tout ce qui se passe dans le monde moral comme dans le monde matériel ne s'accomplit que par la volonté de Dieu; il a béni, j'en suis sûr, les conquêtes de la civilisation moderne. (Tonnerre de bravos.) S'il en était autrement, se seraient-elles propagées? seraient-elles si prospères et si puissantes? (Applaudissements prolongés.)

» Il ne nous est pas donné de pouvoir prononcer de ces paroles qui sont une force et une récompense pour ceux auxquels elles s'adressent; mais il est un devoir que nous avons à cœur d'accomplir.

» Nous devons exprimer publiquement, solennellement, notre reconnaissance aux hommes d'initiative féconde qui ont voué leurs efforts à la fondation de grands travaux, dont la seule pensée épouvantait, il y a vingt ans, les esprits les plus hardis, les plus aventureux.

» Ils se sont placés si haut par la grandeur de leur

tâche et par les services rendus, que leur œuvre est vraiment œuvre de gouvernement. Ne croyez pas un instant qu'ils eussent pu réaliser les merveilles dont nous sommes les témoins, et qui laissent bien loin derrière elles les travaux des civilisations disparues (bravos), s'ils n'étaient parvenus à créer avec leur expérience, avec leur honorabilité, avec leur intelligence, avec leurs succès, car il fallait tout cela, une force nouvelle qui, sous le nom de *crédit*, constitue un levier dont les sociétés anciennes n'avaient pas deviné le secret. (Nouveaux bravos.)

» L'Etat les a secondés de son appui, de son concours. Il a mis à leur disposition une phalange d'hommes d'élite, nourris de longues études, forts d'un grand savoir, recommandables par une probité au-dessus de tout éloge. J'ai nommé les ingénieurs des ponts et chaussées, ces valeureux officiers de l'armée de la paix, qui combattent tous les jours contre des obstacles invincibles et qui en triomphent.

» Le bulletin de leurs batailles s'écrit en lettres de granit sur tous les points du territoire.

» Je vous propose un toast au corps impérial des ponts et chaussées!...

» Aux administrateurs de la compagnie d'Orléans! »

Des applaudissements bruyants et prolongés succèdent à ce discours, et M. de Jouvenel, dont la pensée a été comprise, s'assied au milieu des félicitations qui lui sont adressées de toutes parts.

M. Lafond partage l'espoir que le département de la Corrèze, déjà en possession du chemin de fer de Brive, sera doté plus amplement par la concession de l'embranchement qui doit relier ce département au chemin de fer de Limoges.

M. le maire propose des remercîments en faveur de MM. les commissaires de la fête, dont le zèle et l'activité ont été si heureusement couronnés de succès. Les convives s'associent avec empressement à cette pensée de gratitude du premier magistrat de la cité.

Avant qu'on ne se sépare, M. Feri-Pisani, sous-préfet de Brive, se lève et dit : « Messieurs, je n'ai point de toast à développer ; je n'ai qu'à exprimer un désir : c'est qu'une soirée si bien commencée se termine à la sous-préfecture. » Chacun accepte avec reconnaissance l'invitation de M. le sous-préfet et se donne rendez-vous à son hôtel après le feu d'artifice.

Une légère pluie, survenue à huit heures et demie, a contrarié les illuminations. Néanmoins la place de la Guierle, avec ses guirlandes de lanternes vénitiennes et de verres de couleurs, offrait un aspect féerique. Le feu d'artifice a parfaitement réussi ; la pièce principale représentait une locomotive. La foule a battu des mains à cette apparition symbolique.

La fête était terminée. Disons-le à la louange de l'administration municipale de Brive, tout s'est accompli dans le plus grand ordre et sans le moindre accident. Des mesures avaient été prises pour que les approvisionnements de la ville pussent suffire à l'alimentation de cette multitude de visiteurs qu'on pourrait sans exagération évaluer à plus de 15,000. Il est une autre observation que chacun se plaisait à faire et que nous devons consigner avant de terminer cette relation déjà longue. Les étrangers n'ont eu qu'à se louer des habitants de Brive; ils ont trouvé partout une hospitalité affable, bienveillante. Telle est l'impression que nous rapportons nous-même de notre courte excursion. Aussi, en désirant que le chemin de fer de Périgueux à Brive développe les relations d'affaires de ces deux villes, nous avons l'espoir qu'il établira entre leurs habitants des rapports de bon voisinage et d'affection.

EUGÈNE MASSOUBRE.

Périgueux, le 1er octobre 1860.

Périg., Dupont et C. - Oct. 0

www.ingramcontent.com/pod-product-compliance
Ingram Content Group UK Ltd.
Pitfield, Milton Keynes, MK11 3LW, UK
UKHW021209230726
13926UKWH00001B/409